U0037013

禪堂50問

學佛入門Q&A

法鼓文化編輯部 編著

〈導讀〉
進禪堂脫胎換骨

記得三十多年前，那時我尚未出家，隔壁公司一位二十九歲的年輕人游泳溺死，引發我探討生命意義的迫切感。當時我的身體非常虛弱，內心非常不安，感情也不順遂，聽說禪修可以知道過去世的因緣，因此種種因緣而進入了禪門。

禪修後，身心的問題漸漸得到改善。原本想了解宿世因緣，明白它並非禪修的目的後，就此放下了。禪修對我來說，最重要的是讓我了解生命的意義，不再感到茫茫然，不知爲何而活。能有如此大的轉變，都要歸功於禪法觀念不斷熏習，以及禪修持續的體驗。

一般人學禪修，大多數是爲了身體的健康、壓力的舒緩或心理的平衡，少數人則是爲了開發潛力而來。想在禪修這個領域能受用，剛開始要先學會打坐的方法，然後養成定時打坐的習慣，再把打坐的觀念和方法，運用在日常生活中。由於在家自修不易專心，容易懈怠，最好能參加禪坐共修，如禪一、禪二或禪七，甚至四十九天的密集禪修，因爲長期精進的禪修，較能得到更深的體驗，對「心」的功能或認識自我會非常有幫助。

由於參加禪坐共修必須久坐，有的人因此非常擔心腿會熬不過來，事實上，幾乎都不會造成問題。如果有難以克服的禪坐問題，在禪堂都可請法師直接解惑，自己只要安心用方法即可。我記得三十年前爲了打禪七，每天固定在家坐五、六個小時，希望不會被腿痛干擾。結果實際打七時，第三天照痛不誤，但是最後自然而然就適應了。

三十年來，在法鼓山體系學習禪修者已不少於十萬人。不論是初級禪訓班、禪一、禪二、禪七等，都報名踴躍。通常禪坐最大的問題不是腿痛，而是無法持續。禪期較長的禪七，要面對的基本考驗是：雜念、昏睡，以及腿痛，但是很少聽到有人因腿痛而從禪堂脫逃，它能透過方法逐漸克服的。雖然禪期中，可能萌生脫逃的念頭，但最後都是倒吃甘蔗，能體會到禪悅的滋味。因爲太痛時，只要不影響別人，可以悄悄放腿，甚至坐在椅子上。通常面對腿痛這一關，能造就堅強的意志力，從中學會禪法的要領。禪七通常會搭配運動、經行等動態活動，例如坐一支香後就會進行瑜伽運動，坐兩支香就會起身經行。禪七不會一直靜坐不動，會調合動靜。

一般人無法做心的主人，往往心不由己或身不由己，正是因爲對自己不夠了解。禪修最大的收穫，是更了解自己，學會做自己的主人，不再被欲望牽著走。透過禪修，可以學會開發優點，但更受用的是能察覺自己的缺點，並加以改進，而非遮遮掩掩。本來虎頭蛇尾的人，可以透過懺悔發願，慢慢改善，學習如何有始有終。沒耐心的人，至少會發覺自己又失去耐心，應該學著接受不合意的外境。戒掉壞習慣，建立新的好習慣，尤其需要對心有更多的了解。

記得有一次帶禪七，有一位禪眾當時的禪七目標，是戒掉二十年的菸癮。他第一天以堅定的決心、意志力及體力，來與菸癮對抗，想不到卻一天不如一天，節節敗退。他第三天含著眼淚來見我，因為自認為戒掉菸癮看來無望。我告訴他，戒菸不能用對抗的心態，要以接受的心態面對，甚至能用欣賞的態度看待更佳，在菸癮中體驗禪法。最後，那位禪眾果然把菸癮戒掉了。

禪門是一個永無止境，需要不斷深入學習的領域。禪修者應當盡力去開發自己的修行潛能，盡最大的努力，對於任何成果，都要保持不氣餒、不驕傲的態度。隨著工夫的一分深入，就有一分的收穫。

要相信生命是無窮盡的。這一生只是無限時空中一個小點，但是此生的各種努力，一定會累積到未來際的生生世世。只要不斷地在當下努力，就能開發本來就具有的修行潛能，如此滴水穿石，不計成敗，在禪堂裡踏實用功學習方法，自己便能在每個當下的努力中，一念又一念、一天又一天、一年又一年，漸漸地脫胎換骨了！

釋果醒

法鼓山禪堂堂主暨禪修中心副都監

目次

1 進禪堂，參禪趣！

2

參禪有方法

3

鍛鍊禪心

4

禪思不迷思

1

進禪堂，參禪趣！

Question

01

爲何要進禪堂度修行假？

一生一定要去的私房景點、尋找生活小確幸……，緊湊忙碌的生活中，人們都期待抽離日常環境，從外在的事物、各種刺激中尋找快樂；但往往在短暫的休閒娛樂過後，心中的空虛感依舊，生命依然沒有方向和目標。

法鼓山創辦人聖嚴法師常說，現代人的生活環境太複雜、工作太緊張，因此需要休閒活動，舒散一下自己的心境，平衡一下自己的情緒，所以休閒活動並不是壞事。而佛門的禪修教導人從官能的享受，進入拓展精神領域的層面，比休閒更好。在禪修期間，首先教大家放鬆身心，放下所有的塵勞、情緒、煩惱，保持身心的自在與寧靜，是休閒生活的最高境界。

（釋常護　攝）

佛法度假

生前駐錫美國弘法的仁俊長老，從西方人安排度假的生活習慣著眼，新創「佛法度假」一詞，鼓勵各忙各事的社會大衆，安排假期參與寺院生活；目的不是度過享樂的休閒假期，而是藉「度假」機緣，聽聞佛法，放鬆身心，對知見與行爲也有啓導與提昇作用。

休閒與修行的效果是不同的，雖然休閒活動可以帶來放鬆，卻是沒有方法與目的性的放鬆，休閒過後，身體疲累，心仍然散亂；而修行則是有固定節奏，依照禪堂排定的行程，一步一步跟著行程走，因爲有方法的引導，所以身體是放鬆的，心是安定的。這也是參加禪修之後，頭腦更清楚的原因。

禪修，內在心靈之旅

比起休閒度假不斷向外追逐的快樂，修行的快樂是由內而外，向內認識自己，透過方法調整自我，使人更懂得與自己相處；當懂得與自己相處，也就有能力與他人相處，生命可以和樂而無諍。因此，不妨爲自己安排個修行假，收拾簡單行囊，關掉手機與平板電腦，前往寺院或禪修中心，參加各種禪修課程，在禪堂規律的作息與規矩中，調整飲食、睡眠、調身、調息、調心，體驗清淨的生活，展開一趟向內探索的心靈旅程。

Question

02

忙人爲何更需要進禪堂共修？

很多人以爲禪修是閒人才有空做的事，其實，愈是忙人愈需要禪修。聖嚴法師曾指出，一生之中最忙碌的時段，也是最寶貴的時段，因爲最忙碌的時候，最需要「心」的安定。禪的修行觀念與方法，正是忙人最需要的。

禪坐時對心的觀察最敏銳，在靜中掌握收心、攝心、安心的原則，熟悉清楚、放鬆的訓練方法，再回到生活中處理事情時，就容易安定，知道如何面對生活中的緊張、對立、情緒問題，等於把禪修延伸到生活裡。

安排禪修的重要性

對禪修者而言，如果只是在日常生活中練習，想要達到清淨與和諧的境界並

（李東陽　攝）

不容易。因爲在日常生活中，我們處在不斷與外在環境互動和波動的情緒中，所以不容易達到心不隨境轉的寧靜。這也是爲什麼需要參加禪一、禪二一類禪坐共修，以及每年至少參加一、兩次密集的禪修，是如此重要；而在生命歷程中，花一段長時間做精進禪修，更是有其必要。

參加禪修，心態上雖是用度假的心情，但修行不是用來度假，精進的禪期，是透過集體的生活、禪修的方法，練習放下自我中心，進而達到祛除煩惱；是抱著生死心進入禪堂，發願精進用功，專心修持，以求剋期取證，亦即在固定的一段時間中，從煩惱的我執得解脫。

運用生活禪法鍊心

禪修絕非僅止於在禪堂中修行，而是要能時時、處處在生活中運用，所以禪修和生活是密不可分的。但是如果沒有在禪堂中讓工夫扎根，面對繁雜的生活會有心無力，找不到著力點。

因此，生活緊張忙碌的現代人，更要把握因緣，放下塵勞俗務，前往寺院道場或禪堂參加共修，除了體驗清淨生活，也再一次熟悉修行法門，鍛鍊身心，領受更深層的清淨與智慧；然後提起正念，回到生活中持續練習，藉事鍊心，超越自我。

Question 03

什麼是禪堂？

禪堂古稱僧堂或雲堂，爲重要的禪宗寺院建築，做爲禪僧專心參禪修道的空間。《禪林象器箋》說：「僧堂亦謂禪堂，言衆僧坐禪於此也。」僧堂是衆僧起居禪修之地，因衆僧雲集，所以又稱雲堂。《敕修百丈清規》說：「所裒學衆，無多少、無高下，盡入僧堂，依夏次安排。」依夏次是指受戒長短，僧衆不論受戒長短都要入禪堂禪修，由此可看出禪堂的重要性。

禪堂集體禪修

佛陀時代的出家僧衆，大部分的時間都用於禪坐修定，禪坐地點有的在樹下，有的在精舍、窟院內。佛教從印度傳入中國後，很多僧人住無定處，也是在山林間、岩窟中禪修。直到唐朝，僧衆多達數百人集體修行後，馬祖道一禪師建叢林，其弟子百丈禪師立清規，創建中國特有的禪門叢林制度，禪堂的形式與功能也完備了，讓僧人能在此專心禪修。在百丈禪師所設的僧堂內，具有坐禪、飲食、睡眠三種功能，設置長連床（大通鋪），讓僧衆晝夜都可用功不斷，禪修方式爲集體禪修，和佛陀時代大爲不同。但是發展到後世，僧堂不再兼食堂，於禪堂外，另設齋堂，亦即集體過堂用餐的地方。

禪堂鐘板建立生活秩序

禪堂對於飲食、睡眠等生活作息與方式都有統一的規定。如《百丈清規》卷六「日用規範」規定：「齋罷不得僧堂內聚頭說話，不得在僧堂中看經、看冊子，不得上下間行道穿堂直過。」禪堂的鐘板爲大衆的訊號，能使僧衆建立起清楚的生活秩序，不需要說話交談，便知道發生什麼事，以及自己做什麼。因此，禪者的生活，不用言語，能集中心志修行，每天在單純的訊號作息下，井然有序。

原本在禪堂修行的都是出家僧衆，隨近代弘法功能的開展，也開放在家居士在禪堂共修。而禪堂爲適應時代的變遷需求，無論是建築式樣、功能，甚至是執事法師的工作職掌內容也有所變化。雖然現代禪堂的弘法功能更爲擴大，建築設施與時俱進，但是不變的是，禪宗的慧燈依然薪火相傳。

（王傳宏　攝）

Question

04

禪七有哪些執事法師？

舉辦禪七，除了需要有適合的禪堂場地共修，還需要許多法師的專業指導與協助，才能順利進行。禪七的執事法師包括：

主七和尚：是禪七的精神核心，除主持起七、解七儀式外，並做禪法開示，指點正確的禪修態度與用功方法。主七和尚需要有一定的禪修體驗，戒德莊嚴能攝眾，能凝聚禪眾心力，提起道心。因此，通常主持者可能即是寺院住持和尚，或是邀請德高望重的禪師主七。

總護法師：可說是禪七的總領隊，要策畫與掌控禪七進程，讓禪七能順利舉行。除主持工作會議、確認工作進度等行政事務，也要負責爲禪眾解說禪堂規矩與提醒禪法要領。

小參法師：在定期的小參時間，協助禪眾解決禪修問題。由於禪堂禁語，禪眾

（王育發　攝）

如在非小參時間，有禪修問題需要解惑，可以將問題寫在便條紙上，監香法師會代轉給小參法師。

監香法師：主為執行禪堂、齋堂的規矩，巡香時觀察禪眾禪修用功狀況，適時以香板提醒。負責作息時間的掌控，帶領坐香間的坐、立姿運動。由於工作非常繁多，所以通常會有多位助理監香法師共同協助。

悅眾法師：擔任早、晚課誦執事工作，包括維那、木魚、引磬等。

Question 05

什麼是禪七？

禪七是中國禪宗的特殊修行方法，即在七天內進行密集的修行，也稱打禪七。禪修者在此七日內，不能離開道場處理個人事務，必須遵守禪堂規矩，配合禪堂作息，專心修行，以七日爲限期，剋期取證。

七日為期

爲何會以七日爲期呢？這與宇宙體中的七大行星有密切關係。在唐宋時代，從梵文譯出的密部經典中，就有數種是以七曜、七星或北斗爲名的。這種信仰在印度爲時甚早。相傳佛陀在菩提樹下禪修七七四十九日，開悟成道。當佛陀成立教團後，也常以七日爲期做設施，例如告假最多七日的「受七日法」，或是僧人爲療病儲存的食物不得超過七日的「七日藥」。

（張晴　攝）

不要揠苗助長

雖然很多人參加禪七，是期望透過密集禪修，能剋期取證，開悟成佛。但是操之過急，會揠苗助長，不僅不切實際，也容易使初學者萌生退心。因此，聖嚴法師在指導禪修時，常勉勵禪修者們，不要急求開悟。正確的禪修觀念應是：認識自我、肯定自我、成長自我、消融自我。正確的禪修方法是：放鬆身心，集中、統一、放下身心世界，進而超越有、無的兩邊。

能以這樣的心態來參加禪七，即使不能開悟，對於放鬆身心、穩定情緒，開啓智慧與自信，保持生活的健康平衡，皆能有大受用。

Question 06

什麼是禪一、禪二、禪四十九？

由於現代人的生活忙碌，有時無法在家天天練習禪修，因此寺院也針對現代人的需求，設計修行課程。禪一是爲期一天的短期禪坐共修，禪二、禪四十九則是連續兩天、四十九天的密集禪坐共修。

禪一與禪二的修行假期

禪一與禪二適合參加過基礎禪訓班者，做爲繼續進修的進階課程。隨著週休二日，禪一與禪二的修行安排，能讓人們有一個沉澱身心的機會，度過一個充實的假期。

禪一與禪二的主要不同，不只是課程時間長短的不同，主要爲課程安排深淺也不同。禪一主要爲對於禪修的基礎體驗，禪二則如同濃縮版的禪七體驗，會更深入說明禪修的方法，並加強禪坐的練習。例如，在每支香的禪坐時間上，禪一可能只有短短十五分鐘，禪二則是多出一倍長的三十分鐘。

因此，禪一適合做爲禪訓班結束後的進階課程，禪二則可提供想要參加禪七者做爲先修班，學習適應禪七規矩與體驗課程，以及鍛鍊坐禪工夫，課程增加了禪一沒有的快步、慢步經行等更進階的禪修指導。

禪一通常在結束後就可回家，可當日往返不必住宿，禪二則會在寺院住宿一晚。因此，參加禪二還可以體驗住在禪寺的生活，並參加早、晚課。

禪四十九適合精進禪修

禪四十九則是長達四十九天的禪期，是依原本禪宗叢林的禪期安排，以佛陀在菩提樹下禪坐四十九日的相同天數，精進禪修。由於禪期長，適合已參加過禪七，希望能夠更精進禪修者。

禪七的課程雖完整，但禪的鍛鍊有時需要更長的時間，不斷地熟悉方法與探索自我，才能細水長流。因此，需要像禪四十九這樣的天數，有充裕的時間，慢慢覺察與調整自己的身心狀況，熟悉如何掌握禪法要領，漸入佳境。

在禪四十九的禪期裡，最重要的是活在當下，一天是一天的體驗，不要貪求境界，以平常心珍惜每一支香、每一天，老實用功才是眞精進。

Question

07

爲何要參加禪坐共修？

爲什麼一定要參加禪坐「共修」呢？難道不能在家自修就好嗎？這是因爲剛開始禪修時的自制力薄弱，容易懈怠，甚至放棄；再者，在禪坐時，念頭如野馬般難以駕馭，因此，需要透過共修的力量來幫助自己。

共修的力量讓人成長

有句話說：「寧在大廟睡覺，不在小廟辦道。」也就是說個人修行不同於集體修行，在明師指導下修行和無師自修，更是大不相同。個人修行無人約束，很容易冷熱不均，忽而勇猛精進，忽而懈怠放逸。勇猛過火，會引來身心疲憊而產生禪病；懈怠放逸更會使人放棄修持，退失道心。如果經過幾度的冷冷熱熱之後，便會對於修行退失信心。如果能參加禪坐共修，透過共同遵守禪堂規矩，且有禪眾之間的相互制衡，會讓人逐步成長。

共修時，大眾有共同的努力目標，所有參與者的心是互相交融的，是沐浴在互相精進增上的心光中。而且共修時，禪眾的心力向著共同的安定方向，既然是同一個方向，便能互相影響、互相分享每一個人心的力量，這便是共修的功能。

共修不易迷失方向

聖嚴法師在帶領禪修時，常勉勵禪眾：「木頭總是跟著木排跑。」獨修容易懈怠，如同單根木頭渡河容易失去方向；共修則像木排渡河，能互相凝聚、護持。例如想賴床時，看到大家都起床，就跟著起來了；打坐時，看到大家在用功，也不好意思動來動去，打擾大眾。一棵樹種在樹林中，必定會跟著四周的樹，向上生長，因爲不抽高就會被淘汰，這就是共修的力量。

（王育發　攝）

Question

08

禪七有哪些基本流程？

禪七的生活作息非常規律，起板、運動、早晚課、禪修、用齋、安板，都有固定的時間。只要配合作息表規定的作息，過規律的生活即可，好處在於將生活簡單化，當習慣了規律的作息，心可以很快地安定下來。另外，團體生活中，眾人以相同的節奏作息，可避免互相干擾，更容易互相成長。

規律作息

禪七期間，不需要戴手表、看時鐘，注意時間，只要跟著總護法師的指示與禪堂的法器訊號行動就可以了。該起床時，會有起板聲；該集合時，會有鈴聲；該收坡時，會有收坡板聲……。跟著訊號作息，不必擔心時間，可以全然體驗活在當下。

禪七的每天基本流程如下表所示：

時　　間	作息內容
04:00~04:30	起板、盥洗
04:30~05:40	早坐共修
06:00~06:30	禪修早課
06:40~08:30	早齋、出坡
08:30~11:45	禪坐、經行、拜佛
11:45~14:00	午齋、出坡、休息
14:00~16:50	禪坐、經行、拜佛
17:00~18:40	藥石、盥洗
18:40~19:50	禪修晚課
19:50~20:40	開示、大堂分享
20:40~21:40	晚坐共修
22:00~	安板

從作息表中可以清楚看出，禪七除了禪坐之外，尚包含了其他項目：

一、開示

主七法師或總護法師通常每日都會為學員做開示，以讓禪眾建立正確的修行觀念，了解用功的方法。聽開示時，不做筆記，以免分神；只要專心聆聽開示，應可以充分吸收。在禪七期間所遇到的身心狀況或困惑，經常可以在聆聽禪七開示時解惑，突破修行迷思，以及方法使用的困境，並更清楚禪修方法的細節。

二、小參

通常從禪修第三天開始，會安排小參，讓學員獲得身心狀況的解答。

三、過堂

禪七期間採用漢傳佛教叢林特有的用齋方式，稱為「過堂」。一天有早齋、午齋兩次過堂；藥石則為出自健康需要而食用，因此不正式過堂，而是採自助餐方式。過堂時，維那帶領誦〈供養偈〉與〈結齋偈〉；用齋時碗、筷皆有一定的擺放位置，飯菜由「行堂」人員添加，若需增量、減量，則有固定的動作示意行堂。此種過堂方式，全程不需出聲、走動，令禪眾在用齋過程中仍能保持正念，心繫方法不散亂。

四、出坡

禪期中，每位禪眾都有出坡的義務。禪堂的出坡工作以環境打掃為主，一方面是分工合作，共同維護修行環境的整齊、清潔，由外而內地達到淨化環境，以及淨心的目的；另一方面則是將禪法落實在生活中，練習在動中亦能持續用方法，觀照身心。

五、拜佛

如果心浮躁，無法安坐在蒲團上用功，就可以起身拜佛，一方面可以促進氣血循環，另一方面也可以安定身心，藉由注意全身的動作，讓浮動的心貼在動作上，等心恢復平靜再繼續打坐。法師也會安排幾支香，帶領大眾運用拜佛方法調整身心。

六、經行

打坐與經行是禪堂用功的二部曲。人不能一整天都禪坐不動，因此運用走路、站立等方法活絡筋骨，能防止雙腿久坐僵硬或疲倦，也可對治昏沉，提振精神與心力。

七、早、晚課

早、晚課的梵唱音律安穩莊嚴，令禪眾生起宗教情操；課誦的內容則有助於發起精進用功的菩提心。禪期間若內心浮躁、疲累、昏沉，可透過唱誦消除不適，提起精神繼續用功。

Question

09

什麼是金剛座？

相傳佛陀在菩提樹下禪修四十九日後悟道，在悟道前，他曾經發下誓願：「我今若不證無上大菩提，寧可碎此身，終不起此座。」他當時用吉祥草所鋪成的座位名爲「金剛座」，即因完成金剛不壞的大誓願心，以此得名。

金剛座上的考驗

這四十九日中，佛陀在金剛座上遭遇了許多考驗，歸納起來有兩大類：一類是讓人賞心悅目的誘惑；另一類是令人恐怖、害怕的威嚇。

「誘惑」是指色、聲、香、味、觸五欲，凡是眼看東西、耳聞聲音、舌嘗味道、鼻嗅氣味、身體接觸的感覺，都會令人產生喜歡或不喜歡的覺受，這種好惡的分別心，就是由五欲而起的煩惱，而成魔障。

「威嚇」則是指折磨、威嚇，使人害怕、退卻的念頭，也就是人的恐懼心，例如佛陀曾見到各種天災的幻覺，這些幻覺帶來的是死亡的恐怖。

佛陀成道的故事讓我們知道，修行必須戰勝自身的欲望和恐懼。如果能透過禪修，體悟身心的無常、虛妄，破除對身心的執著，便能體證佛法。

不證悟誓不起坐的決心

對初期的修行者來說，由於尚未能適應修行的鍛鍊，所以產生一些不舒服、不順利的現象，就稱爲「魔」。實際上，魔障的顯現，不一定修行才會發生，在日常生活當中，做事時遭逢阻礙、困難，也是魔障。

（江思賢　攝）

此時，我們就可以憶念佛陀「若不證悟，絕不起坐」的決心，來激勵自己。儘管佛陀的願心並非一般人能夠達到，但是若能發願「引磬聲尚未響前，腿和身體不許隨意亂動，心裡也不期盼引磬的美妙聲音早點響起」，便能逐步克服來自身心的「魔障」，座下的蒲團和方墊就是我們的「金剛座」。

Question 10

一支香坐多久？

鐘表尚未自西方傳入中國前，古人以觀太陽的斜影和沙漏來計算時間，晚間則用香計時。佛教傳入中國後，焚香昇華為供養諸佛的儀軌，在禪堂，也以焚香計算時間，所以坐禪也稱「坐香」。時至今日，只有在禪堂仍保留以「炷香」為時間的單位名稱，而實際上，則以時鐘做為計時的工具。禪七時，一支香（一炷香）可以是三十分鐘、四十分鐘、五十分鐘，或者更長，端視禪修者的程度，由主七和尚決定。禪堂的糾察則稱為「監香」，負責計算每一支香的時間，以及關懷、照顧禪修者的用功狀況。

什麼是連香？

每一支香結束時，監香法師會敲響引磬，讓大眾可以按摩、舒展身體或是起

（李東陽　攝）

身如廁，如果禪坐者不希望中斷修行，也可繼續用功，這便稱爲「連香」。不過，一旦決定連香，便要等到下一支香結束，引磬聲響起後才可起身，以免影響他人。

坐好一支香

設定每支香的休息時間，是爲了讓禪修者能夠持續精進地完成整個禪期。聽到代表開始禪坐的木魚聲後，便應該在這一支香的時間內，專注在方法上。而每支香之後的休息時間也是一樣，前一支香無論坐得是好是壞，都應該放下，也不該去擔心，或期待下一支香會坐得如何，只需要好好調整自己，爲接下來的修行做準備，不思前，不想後，坐好當下的這一支香。

Question
11

什麼是經行？

在禪堂，並非只有靜態的打坐，動態的經行也是必要的。「經」是持續不斷、經常不變的意思。經行是指在行走之中，我們的心念不要被自己的妄念及外界的環境打斷。佛陀鼓勵比丘「經行」，故在每一寺內，均有經行道，即使老病比丘，扶著沿經行道而牽設的繩索，也要經行，這是一種修持法門，但也是一種最佳的運動。

經行時，觀照腳步的動作是觀「身」，觀照經行時肢體的覺觸是觀「受」，觀照所受的心念反應是觀「心」，並觀照心念反應的情況——有執著或無執著。經行可以讓打坐後的肌肉、神經得到運動。透過動中修行與靜中修行，期使我們在生活中任何一種情況下，都能攝心收心，隨時隨地，動靜相宜。

經行方法

經行可分爲兩種，一種是快步經行，另一種是慢步經行。快步經行又稱爲跑香，可化解久坐疲倦，驅除妄念，集中注意力。方法爲順時針方向快走，左手甩、右手擺，老弱者走內圈，健壯者走外圈，愈走愈快。心裡除了走得更快的感受外，不應有任何念頭。

慢步經行方法爲右手握虛拳，左手手掌抱住右拳，置於腹前約一指節寬度。每一步都要盡量地慢，一腳跨出時，先將腳尖著地，再慢慢將腳掌、腳跟放下，平常每跨一步，大約半個腳掌至三分之二腳掌的長度，也可視情況調整。經行時要清楚地感覺每一步的跨出、著地及換腳的感覺，尤其要把注意力落定在腳尖、腳掌、腳跟著地的每一瞬間。

除動作之外，經行時的調息、調心方法，均與打坐時相同。基本上從頭到腳，

（釋常護　攝）

全身的每個部位，都要盡量完全地放鬆。如果會用心的話，不論快步經行或慢步經行，都能使人失心入定。

步步為營

經行時，在當下的一步尚未走好前，不要邁出第二步，要「步步爲營」。所謂的「營」，就是能攻能守，進退自如，攻能百戰百勝，守能固若金湯。如果只是站著不動，或是還沒站穩就動，都是不妥的。整個注意力要集中在腳的移動和身體的移動，清楚地感覺到自己腳踏實地，不斷地往前進。這時的你，會發現自己愈走愈有意思，愈走愈感到愉快。

Question 12

進禪堂前要做什麼準備？

未參加過禪七的人，可能以爲像參加旅行團出國一樣，除了簡單的生活用品，直接人進禪堂即可。參加過禪七的人，則會知道進禪堂前，必須要先做好身心調整，以及生活作息調整，才能適應禪七生活。

進禪堂前先預做準備

在調身部分，如果平常沒有禪坐習慣，最好能在進禪堂前，每天都練習禪坐，以免不適應禪坐久坐。同時透過禪坐，也能收攝身心，進禪堂後能比較快進入安定狀態，不需太費力調整身心。

由於禪七通常都是早睡早起，作息非常規律，所以如果習慣熬夜，在參加的前一週最好也慢慢調整為早睡早起，不再晚睡晚起。不然的話，「禪七」變成「睡七」，瞌睡連連用不上方法，實在可惜。

特別是在進禪堂前幾天，最好循序漸進減少聲光刺激的娛樂活動，如看電影、看電視連續劇、玩電玩遊戲，或是從事具刺激性的娛樂活動，以免成為進禪堂後的種種妄念，造成禪修進步的障礙。

在調整心理部分，盡量讓心情保持放鬆愉快、神清氣爽的最佳狀態。一旦確認錄取禪七後，先將工作與家庭生活都預做安排，告知同事親友自己在禪七期間不便聯絡。千萬不要在進禪堂前還在趕工作，或是處理家事忙得分身乏術。如果一直忙碌於工作，身心處於緊張壓力的過勞情況，進入禪堂後會很難放鬆。最好都先安排妥當，讓自己能夠心無牽掛進禪堂。

進禪堂後放下萬緣

在禪七報到時，手機與其他3C產品，都需要交由主辦單位保管，直至禪期結束才能取回。因此，如有需要聯絡的事，在此之前都要完成交代。在進入禪堂後，即使有遺漏的事也不要擔心，一切等出禪堂再做處理。

完成報到進入禪堂後，就要放下萬緣，放下過去、現在、未來種種，即使天崩地裂也不管，只管提起禪修的方法，一心用功。如此下定大決心，一定能在禪期間脫胎換骨，如獲新生。

（王育發　攝）

Question

13

禪堂爲何又稱選佛場？

有的人看到禪堂門口掛著「選佛場」匾額三個字，不免感到好奇：「如何選佛？」選佛是指從煩惱心之中將佛心選出來，而禪堂是見性成佛的修行道場，所以也稱「選佛場」。

選官不如選佛

唐代的丹霞禪師在出家前，原本要前往長安參加科舉考試，途中遇到一位僧人問他：「你要到哪裡去？」丹霞禪師回答：「趕考去！」僧人建議他說：「選官不如選佛。」丹霞禪師一聽茅塞頓開，於是問：「選佛該去哪裡呢？」僧人說：「江西馬祖道一禪師那裡即是選佛場。」

因此，丹霞禪師走上選佛之路，成爲了一代禪師。

先發成佛的菩提心

選官會讓人沉浮宦海，只有選佛才能出離生死苦海，所以選官當然不如選佛。當我們一進禪堂，即被入選，預諸佛位，不只明心見性，必當頓悟成佛。然而，若不先發成佛的菩提心，便無成佛之望，如無因而有果，是不可能的事。

（許朝益　攝）

2

參禪有方法

Question

14

爲何要遵守禪堂規矩？

爲何禪堂要制定許多特別規矩呢？遵守這些規矩對修行有什麼幫助嗎？

利他中成就自我修行

禪坐共修是團體生活，遵守禪堂規矩，不只能幫助自己專心修行，也能讓團體秩序和諧，修行向心力更加凝聚。試想，如果每個人都不遵守規矩，爲了一己的方便，遲到、發出吵雜聲響，影響了團隊的修行氛圍，大衆變得散漫無章，最後損失的是誰呢？

禪堂的基本規矩

進入禪堂後，法師會說明禪堂規矩，基本的內容包括：

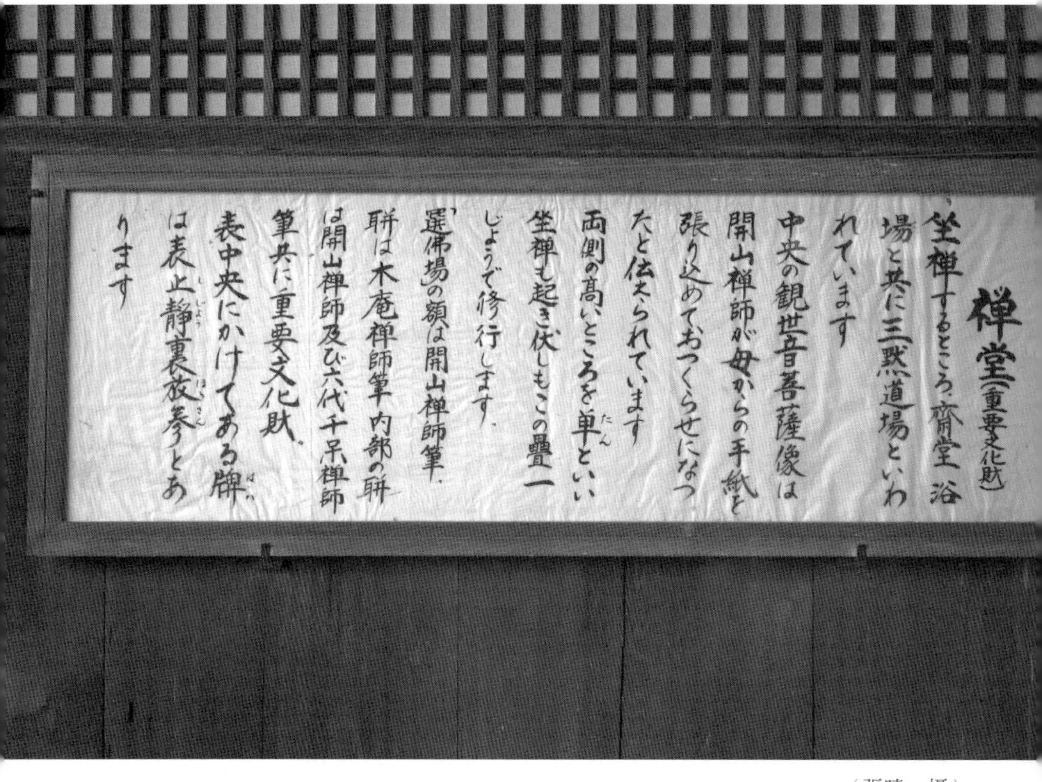
禅堂(重要文化財)
坐禅するところ、齋堂 浴
場と共に三黙道場といわ
れています
中央の観世音菩薩像は
開山禅師が母からの手紙を
張り込めておつくらせになつ
たと伝えられています
両側の高いところを単といい
坐禅も起き伏しもこの畳一
じょうで修行します。
「選佛場」の額は開山禅師筆、
聯は木庵禅師筆内部の聯
は開山禅師及び六代千呆禅師
筆共に重要文化財、
表中央にかけてある牌
は表止静裏放参とあ
ります

（張晴　攝）

1. 禪修期間，保持禁語，不講話，無論何時何處，均應保持靜默。
2. 生活起居，動靜語默，都要聽從總護法師的指示，不得遲到早退。
3. 修行方法只許實踐，不許問理由，只許針對不清楚的方法請教總護法師。
4. 每人均有工作的義務，對於受派的工作，皆應盡心盡力完成。
5. 寮房、廁所、齋堂、禪堂，均應隨時保持整齊清潔。
6. 禪修期間，不許外出、接見訪客；不許接電話、打電話。不許攜帶與閱讀書刊；不許做筆記、日記。
7. 要將自己的過去和未來，以及所有的一切，留在禪修道場之外，如果沒有徹底「大死一番」的決心，將無法得到禪的眞受用。

禪修期間，生活作息要配合禪堂規矩，遵守作息時間表。起床、坐香、用齋、安板一律以板聲爲主，不需要攜帶鬧鐘、手表等。沐浴與洗衣時間如有規定，也要配合。此外，動作宜輕柔、小聲，以免打擾他人，例如起坐按摩、開關門、晚上起床如廁。

修行就是修正自我的行爲，參加共修的目的之一，就是爲透過團體共修，漸漸消融自我的煩惱與執著。如果因個人的喜好而挑三揀四，該經行時不願經行，該出坡工作時卻偷懶，甚至偷偷交談聊天。不願接受法師的指導，遵守禪堂規矩，還是用自己的生活習性過生活，這樣就失去了參加共修的意義。

Question 15

難得參加禪坐共修，可隨意逛逛寺院嗎？

在進禪堂報到前與結束後，如想參觀寺院，可至知客處請教是否方便自由參訪。然而，在禪期進行間，則是不能隨意行走參觀，必須遵守禪堂規矩，隨眾作息，意即遵守禪堂的作息規定，跟著大眾一起生活。

不能任意外出

禪坐共修時，禪堂即成一個結界，有其固定活動範圍，不能任意外出，這既是一種保護，也為了讓大眾能專心修行。禪期中，不論行住坐臥，都要全身心投入禪修，將身心安於所使用的方法上，如果抱持著遊玩的態度來禪修，心會變得散漫放逸，達不到參加禪修的調心目的。

（張晴　攝）

練習心不隨境轉

例如在修行課程中，可能會有戶外禪，法師會帶著大眾一起到草地上、溪流邊，甚至是沙灘上，在大自然的環境裡，運用禪法來觀照自己的身心。如果只當成一般的遠足踏青，心一到戶外就鬆懈下來，忘記使用方法觀心、調心，那便是心隨外境波動，被環境影響而不自知，無法保持對自我的清楚覺察力。如此一來，回到工作崗位，也會是心隨煩惱轉，無法煩惱隨心轉，受用禪修開啓智慧的效益。

既然假期未選擇觀光遊玩，而是參加了禪坐共修，最好能掌握珍貴時光，在進入禪堂前，便先收拾玩心，而在離開禪堂後，也能在日常生活中，保持安定不浮動的身心。

Question 16

禪坐共修有哪些必知的法器訊號？

參加禪坐共修時，由於不能講話，一切作息、口令、動作變換都是依據法器的聲音來提示，所以法師講解禪堂規矩時，也會介紹法器的作用。當了解法器的功能，在禪堂聽到法器訊號時，就會清楚該做什麼了。

1. **板**：在禪修期間，板的角色非常重要。不論是起床（起板）、睡覺（安板），或是工作完成的收坡訊號，全部都靠它。起板後，如果板已打完了（剎板），而你不在禪堂，就表示遲到了。

2. **香板**：扁長、狀似寶劍，監香法師手握香板巡香，照顧大衆，或維持禪堂秩序。香板猶如尚方寶劍，如果打坐姿勢不正確或打瞌睡，法師就會用香板調整與提醒。另外，總護法師也會用香板觸地，告訴大家要變換

（李東陽　攝）

動作了。

3. **小魚**：木魚有大有小，小的稱爲小魚。通常監香法師會打「三聲小魚」，告訴大家開始打坐用功了。

4. **引磬**：磬有大有小，小的稱爲手磬或引磬。當引磬響起，代表打坐結束，可以下坐喝水、洗手，略爲休息。對初學者而言，引磬響起可能是大家最期待的聲音。

5. **大魚**：大木魚只有在早、晚課時，才會用到。

6. **大磬**：大磬只有在早、晚課時，才會用到。

7. **雲板**：通常以青銅鑄造，形狀就像雲朵一樣，所以名爲「雲板」。當雲板響起，即表示要用齋了，此時要趕快進入齋堂。

8. **魚梆**：以木材製作，形狀像條魚，所以名爲「魚梆」、「魚板」。魚梆通常與雲板掛在相對位置，搭配敲擊，功能也是告訴大眾用齋時間到了。

Question

17 禪七時如何用功？

禪七時，法師會詳細介紹與示範多種修行方法，在認識這些方法後，應該如何用功呢？

前方便：放鬆

在開始使用方法前，最重要的是放鬆身心。放鬆是所有禪修方法的基礎，不論使用什麼方法，都要先學會放鬆，不放鬆就無法用上方法。不僅是身體，心裡尤其重要，從內到外徹底放鬆。但是，放鬆不是懈怠，放鬆以後要持續用功，細水長流地練習方法。

（張晴　攝）

正行：用方法

禪修的方法有隨息、數息、念佛、止觀、默照、話頭等等，放鬆之後，便可以選定一種方法，開始練習。用方法的重要心態是不期待，只是持續用方法，不要追求玄妙的體驗。在使用方法時，不要三心兩意，一下子用數息，一下子用念佛，一下子又想試試默照。久而久之，心安定了，念頭少了，煩惱也少了，持續深入下去，智慧就能顯現，這才是禪修的目的。

輔行：拜佛、經行、瑜伽

在禪七中，除了打坐之外，也會安排拜佛，方式有懺悔禮拜、感恩禮拜，或無相禮拜。拜佛是調和身心的輔助修行的方法，可以在動中修定，使身心逐漸在動中統一。而經行與瑜伽運動、八式動禪，也有同樣的作用。

Question

18

禪坐一定要盤腿嗎？

基本上，凡是身體沒有問題，都可以練習盤腿打坐。打坐可說是禪修的基本工夫，就像練武的人要蹲馬步一樣重要。

幫助氣血循環順暢

打坐強調盤腿，主要是調整姿勢，如果盤腿姿勢正確，背部自然挺直，身體具備三個圓形：頭是圓的，雙手結法界定印是一個圓，雙腳盤腿也是一個圓，全身氣血循環更加順暢。

讓心容易安定

盤腿打坐也是最容易讓心安定下來的方法，在靜態中，可以清楚知道身體與念頭的變化，心如果常常在散亂的狀態下，對身心的感受會較不清楚，身心調整的速度與效果也會較不明顯。

因此，學習禪坐需要盤腿，除非是身體受傷不便，可暫時改為坐在椅子上。如果身體重病或受傷，建議不要勉強報名禪坐共修，待身體恢復再參加為宜。

Question 19

想打瞌睡時，可以下坐走走嗎？

禪坐共修，需要配合大眾作息與法師動作指示，不能隨意下坐經行、拜佛，或是起身做體操運動。

如果想要下坐是因爲坐久了，想打瞌睡，可以先把眼睛張大，把姿勢坐正，或試著合掌，應可對治昏沉。再不然就起身合掌跪香，如果還是感到昏沉，就起身拜佛，但要避免影響其他禪眾用功，如果以上方法都用了，身體還是一樣疲倦，可以向監香法師報告，請求相關協助。

有時在禪堂想睡覺，是因爲平時太忙碌了，不僅是身體疲累，頭腦也動個不停，這其實是很耗費能量的；當身心一下子放鬆，就會使人想睡覺，因爲這是身體自然反應。當身心調整好了，自然就不會在打坐時想睡覺了。

Question 20

一定會挨香板嗎？

不是所有進禪堂的人，都會挨香板的。

香板的功能

監香法師拿著香板，最主要目的在於調整禪眾姿勢不正確或昏沉時的提醒，方式是用香板輕輕貼在禪眾的脊椎上，做為提醒。如果上半身沒有坐直，彎腰駝背，我們腹腔的內臟較容易受壓迫，呼吸道也較不暢通，會造成呼吸量不夠，就容易昏沉。另外，香板也會做為經行、變換動作的訊號。

爲何會打香板？通常是在參加精進禪期，如話頭禪七時，幫助禪眾突破瓶頸；或是有人覺得自己陷入昏沉，也可以請求打香板，在一片安靜中，突如其

（李東陽　攝）

來的聲響，的確會達到提振精神的警策效果，也幫助其他禪眾提起心力，繼續用功。讓自己保持警醒，這也是共修的好處之一。

以感恩心接受香板

不用擔心突然挨香板，可能會受到驚嚇，或是疼痛難當。即使是因昏沉晃動，而被施打香板，監香法師會先輕點肩膀以示預警，接著再拍打予以警醒。施打者必須保持正念，受者則要合掌感恩，不得生瞋恨心。通常打完香板後，不但精神會清醒過來，還有暢通氣脈的效果，所以有的人會主動請求打香板。如果是自己主動請求，在打香板前要先向執香板的法師行問訊禮，再接受香板。接受後，再向法師一問訊。

有人認為打香板可以消除業障、增福增慧，其實萬法從心生，打香板時，執香板者的心沒有任何雜念，而接受打香板者，以虔誠的感恩心接受，障礙修行的煩惱心，自然得以消除，進而福慧雙修。如果只是貪求香板的加持力，心不與佛法相應，則打香板只是徒具形式而已。

此外，有的人對自己的用功狀態感到自滿時，總護法師或主七法師也可能會以打香板的方式做測試，是否會輕易起瞋心、慢心，或是貪圖安樂的覺受。

Question

21

進了禪堂，眞的不能講話嗎？

禪修期間規定「禁語」，所以不能講話。禁語的目的是希望參加禪修的人「練習」不講話。

不需用言語回應

平日我們一直在回應環境的人、事、物，所以需要不斷講話，心是外放的，放在注意的對象上。禪修是爲了向心觀照，對自己有更多的認識，如果心還向外攀緣，怎能向內跟自己的心相處呢？因此，禁語是在禪堂中很重要的基本行爲。參加禪修，只要聽從法師或義工的指示，不需用言語回應。如果眞的有疑問或要反映，還是可以舉手發問，或是透過寫紙條，讓指導法師處理。

講話耗費體力與心力

有人一開始會忍不住與身旁的人或室友聊天，但在共修的力量下，「講話」反而變成很奇怪的事，自然而然就不會想講話。

很多人在參加禪七前，以爲自己平時說那麼多話，不可能不講話，沒想到禪期裡眞的都沒講話，經過一番休生養息，精神變得更好，甚至發現原來講話眞的很耗費體力與心力。

Question

22

禪修可以喝茶或喝咖啡提神嗎？

可以，但不鼓勵。

參加禪修的目的之一，就是希望透過規律作息、禪修方法的練習，自然而然調整身心狀況。當發現昏沉時，這其實是反映出我們平時太疲累了，可能已經過度疲勞，正好利用禪修的機會好好調整，以恢復精神與體力。如果再以喝咖啡或茶的方式來提神，雖然可以避免昏沉，但這是憑藉外力，不是身體自動調整，身體沒有眞正放鬆，仍是緊繃的。此外，飲用刺激性的飲料，身心會處於亢奮的狀態，容易心浮氣躁，反而干擾禪修。

因此，建議大家在禪修期間盡量不要喝提神飲料。

（吳瑞恩　攝）

Question

23

禪修一定要吃素嗎?

由於寺院道場的飲食是素食,所以參加寺院共修時,提供的餐飲也是素食。

素食有益禪修

即使只是一、兩小時的禪坐共修,前往參加時,最好也能素食。除避免葷食的氣味影響大衆,是一種尊重的禮貌,而且素食也有益禪修,能讓身心較安定放鬆,不會受飲食影響而過於興奮或昏沉。

有的人一餐素食還可以接受,如果參加禪一或禪七需要全日素食,會擔心吃不飽,肚子餓無法專心禪坐,所以想要自行準備一些零食,以備不時之需。

（王傳宏　攝）

不需要自備果腹食物

如果眞的有個人的特殊需求，可將帶來的食物，放置在禪堂準備的置物箱，需要時再取用。爲了避免影響禪衆修行，以及防止蚊蟲、鼠蟻孳生，所以不能將食物帶入寮房（寢室），也不可以在寮房吃點心。

通常寺院的大寮（廚房），不但會準備足夠的分量，讓每個人都可以吃飽。而且也會在禪堂休息區，另備小點心，所以應該不需要自備果腹食物。如果覺得沒有飽足感，可能是因爲飲食習慣一時改不過來，需要一點時間適應。禪坐能調整身體狀況，一般漸入佳境後，飲食量會自然減少，更神清氣爽。

Question

24

什麼是跪香？

跪香就是罰跪。當參禪的僧人觸犯禪堂規約時，比如打錯法器，要在香案前罰跪懺悔。由於古代以香爲計時工具，如果是罰跪一支香，就要跪到一支香燒完爲止。

跪香的功效

而現在在寺院跪香，不一定是因爲犯錯。由於跪香具有能克服久坐昏沉的功能，所以當覺得禪坐一直昏昏欲睡，方法完全用不上力時，可以暫停打坐，直接改爲跪香。當監香法師看到你跪香時，會立即了解你的身心情況，所以不需要特別舉手示意或是開口告知法師。

跪香的方法

跪香的方法爲，先將腿上的毛巾折疊整齊，站起身來，向上問訊，然後雙手合掌，雙腿膝蓋跪於方墊上或地板上。大腿打直，和地面成九十度直角。當膝蓋受到外在刺激時，會產生警醒的作用，氣血循環也會變得更順暢。通常由於跪在地板上較爲疼痛，所以警醒效果會比跪在方墊上更佳，但如果膝蓋受傷不便直接跪在地板上，也可以在下方鋪上毛巾。要留意的是，動作宜輕柔，不要打擾到其他禪眾。

待覺得精神恢復時，便可起身，向上問訊，再坐回蒲團上，將毛巾覆蓋好雙腿，繼續用功。此時，因身心調柔，精神也恢復了，會覺得對禪修方法更有信心，運用上也更加得力。

Question

25

什麼是小參？

「參」是集眾說法的意思，禪寺稱正式的說法為「上堂」或「大參」，不定時的說法，因規模較正式上堂為小，所以稱為「小參」。小參因多談道場家風，又稱「家教」或「家訓」。

請求小參解惑

小參原本沒有定處，視人數多寡而定，會依情況隨時隨地集眾說法。說法的內容，包括法語、日常生活瑣事，為一種簡單問答與商量。直至南宋，才發展成有儀式的定期說法。

在參加寺院的禪期時，如對修行方法有疑惑，可以主動請求「小參」，請法師指點迷津。而在禪七裡，通常都會安排固定的小參時間。

不能問與禪修無關的問題

小參可能是一對一的個別談話，也可能是分組的小眾談話。無論是以哪種方式進行，小參時，只可問現在有關所用方法上的困難，不能問公案故事、佛學理論，或是與禪修無關的問題，當然更不能閒話家常，以免浪費時間。

進入小參室時，要先向法師頂禮，再提出問題。向法師報告時，宜簡明扼要，把握重點，除非法師特別提問，不需要鉅細靡遺詳細說明。離開小參室時，也要記得向法師頂禮。在等待小參的過程裡，心還是要安於方法上，不要因離開禪堂，就鬆懈了，失去了參禪的本意。

（王育發　攝）

Question

26

禪修可以LINE一下嗎？

禪修中，不可以使用手機，以免干擾自己與別人修行，自然也不能LINE。

心被綁架而不自知

LINE和其他即時通訊程式，都是現代人很重要的聯絡管道。手機每天都湧入許多訊息，許多人隨時都要滑手機，以免漏掉訊息；甚至當手機顯示對方已讀卻不回覆時，心情會感到焦慮，反而「被工具所用」，或可說是被LINE「綁架」了而不自知。

在這種情形下，心其實是懸在外面；而禪修就是在幫助我們將心慢慢收回來，把注意力放在自己的身上。

預先發通知

當接到禪修課程錄取通知時，注意事項上會告知不能使用手機。報到時，手機一律關機，連同其他3C產品交由主辦單位保管，待禪期結束後才能領回。

參加禪一或禪二、禪七等連續多日的禪期，可以在進入禪堂前，預先發一通LINE告訴親朋好友，期間無法對外聯絡，以增加自己參加的決心。進入禪堂後，會發現LINE不是必須的，而平時傳送的訊息大多是一般的問候或是交際對話，眞正緊急的事很少；如果有特別重要或緊急事件，家人可以打電話到禪堂，所以眞的不用太擔心。

因此，利用禪修期間，拋開LINE，好好與自己相處，享受與自己內在對話的時光，好好地認識自己吧！

Question

27

夜貓族一坐就想睡，也能參加共修嗎？

現代人生活忙碌，作息不正常，甚至日夜顛倒，長期下來對身心的影響很大。

調整生活節奏

從中醫的角度來看，每個器官都有運作與休養的時間，所以會有熬夜傷肝的說法。參加禪坐共修，禪眾可以透過禪堂規律的作息，慢慢調整生活步調。

因此，正是因爲熬夜的作息不正常，更應該透過禪坐共修，逐漸調整與放鬆生活節奏，恢復精神元氣。

變得更有精神

如果時間允許，最好能為自己安排禪七，讓身體能有充分時間做調整。一開始，可能會覺得一大早起床，容易精神不濟，其實只要隨著禪堂安排的規律作息，加上晚上好好休息，會發現白天變得更有精神，而且白天也有安排休息時間，所以不用擔心無法配合。

在禪堂養成習慣後，回到平常生活也要繼續保持正常作息，這樣對身心健康會大有助益。

Question

28

禪坐到腿快斷了，可以逃走嗎？

初學者都會遇到腿痛、背痛等身體痠痛問題，這是很正常的。當身體產生這些反應，首先要問自己，平日行、住、坐、臥的姿勢是否正確：站得正嗎？坐得挺嗎？睡姿是否壓迫到心臟？還是太晚睡了？這些都會讓氣不通暢。

留意自己的身體姿勢

現代人經常在電腦前久坐，不但用腦過度感到疲勞，連帶肩膀、背部、眼睛都會不舒服，這些毛病在打坐的時候常會出現，所以打坐的障礙其實反映了生活中的問題。身體姿勢不良與過度損耗都會影響健康，所以我們平常就要留意自己的身體姿勢，隨時調整，不要等到生病不適才處理。

（王傳宏　攝）

打坐的時候會感到腿痛，是因爲不習慣盤腿，剛開始練習時，可以從短時間的訓練開始，比如從二十分鐘開始，再逐漸拉長，配合打坐前、後的柔軟運動，全身按摩、拉筋，把身心調和，腿痛的狀況就會慢慢好轉。

接受它、放鬆它

身體感到疼痛的時候，不要排斥它、抗拒它，反而應接受它、放鬆它，只要心臟與頭部不痛，身體其他部位疼痛，都不是很大的問題。當身體感到疼痛，我們的肌肉會直覺地緊縮起來，這時候「接受」的心態很重要，如果接受它，就能減輕很多疼痛，再來是把痛處原本很緊繃的肌肉放鬆。當心裡能夠接受，肌肉放鬆不用力，疼痛感就不再那麼嚴重了。至於身體的痠、痲、癢的情況，只是氣脈在做調整，不必特別在意，只要打坐完好好按摩，就會漸漸得到改善。如果感受到涼或暖，則是好現象，表示氣脈的堵塞比較少。

3

鍛鍊禪心

Question

29

爲何修行即修心，禪法即心法？

禪宗又名心宗，是以鍊心爲主，首先從散亂妄想心，轉爲集中專注心，再轉爲統一心，最高層次是無我、無相、無執著的無心，即是開悟見性。

心不隨境轉

因此，眞正禪宗的修行，不是在修練身體，而是在修身、修心之後的超越身心世界，稱爲自在解脫。這個心是以自己的現在一念，觀察自己的前念與後念，明確地知道自己的心向、心念的活動「是什麼，在做什麼」，目的是訓練自己的心，不要被環境的刺激所困擾及動搖，這種工夫稱爲「心不隨境轉」。

鍊心不僅能使自己的心不隨境轉，而且還要使得環境隨著自己的心向而轉

（李東陽　攝）

變，這必須要有相當大的修爲。如果我們的心平常就保持平穩集中而不散漫，那麼我們的行爲就可以影響他人，轉變環境。

禪修者的心力

如果我們能將自己的心念調柔安定，也能協助他人安心。因此，當與很有修爲的禪修者在一起時，會讓人的心感到安定，因爲他的心念會影響我們，讓我們有安全感、安定感，這便是禪修者的心力。如果我們也能以禪法鍛鍊自我，便能發揮心的力量，帶給人們光明溫暖的幸福。

Question 30

心很煩躁坐不住怎麼辦？

煩躁坐不住，是身心的自然反應。打坐時，由於姿勢坐正、盤腿的關係，身體會自動調整，過程中，身體會出現痠、痛、癢、麻的感覺，或者妄念很多、或者昏沉，煩躁也是其中一個狀況。

觀身受法與拜佛

感到煩躁時，可以練習「觀身受法」，將注意力放在移動的手部的動作上，放慢速度，心不斷地和手的動作連在一起。另一個方法是「拜佛」，放慢動作，輕輕鬆鬆地體驗身體的每一個動作。這些都可以幫助心安定下來。

（張晴　攝）

看見心在波動

爲什麼會感到煩躁？煩躁的原因很多，有時候是睡不好、火氣大而煩躁，這是生理因素；有些是因累積了一些情緒，包括人際關係、早期的生命經驗等，屬於心理因素。平常對於這些情緒沒有覺察，而當打坐心漸漸沉澱後，這些問題就會逐一浮現，讓人感到不耐煩，但也在這時才能看見自己的心，看見心在波動。

我們習慣性地去壓抑情緒，但壓抑久了會爆炸，所以如果是當下可以處理的，例如說錯話、做錯事，立即向對方道歉懺悔，就有回轉的空間。而在禪堂禪坐時，這些情況早已都事過境遷，對於心中浮現的每個念頭，無須壓抑，當它浮現時，就練習放下妄念，回到方法，不牽不掛，繼續用功。

Question
31
爲何每次禪坐都要三時調三事？

讓心不受外在環境影響而隨波逐流，眞正進入修行鍊心的階段。禪修時的自我調整也不可少，過程從調身、調息到調心，慢慢幫助身、息、心收攝寧靜。

三時調三事

日常生活中，身體的感覺、呼吸與念頭，是處在較粗重的狀況，透過禪坐，可以將身心漸漸調至較細的狀況。因此，在打坐的前、中、後，會以「三時調三事」來調和身、息、心的狀況，輔助自己將全部的身心投入在方法上。

三時指準備開始打坐的「入靜」、打坐時的「止靜」、下坐後的「出靜」；調三事指「調身」、「調息」和「調心」。

不要急著禪坐

禪修前，先做暖身運動，讓筋骨鬆軟再打坐。上坐後，不要急著立即禪坐，要先做頭部運動，使頭腦清新寧靜，接著做三個深呼吸，呼出體內濁氣，換取新鮮帶氧的空氣，使血液循環順暢，邊做邊覺察身體與呼吸。如果覺得身心還是不夠放鬆，可再重複做頭部運動與深呼吸。這也是由動轉靜的調節過程。

Question

32

調心的歷程爲何？

透過禪法的調心、鍊心，讓我們可以專注、覺察心的狀態，隨時將不安的心收攝回來，將煩惱心轉爲清淨心。

調心的七大歷程

大多數的調心方法，是用於對治散亂心，聖嚴法師在《禪的體驗．禪的開示》的〈禪的入門方法〉一文，以數息爲例，介紹調心的歷程共分七個階段：

1. 數呼吸之前，沒有集中心力的對象，心念隨著外境，或回憶過去，或推想將來，千變萬化地起伏不已。

2. 數呼吸之初，數目時斷時續，妄想雜念依然紛至沓來，但已有集中注意力的對象。

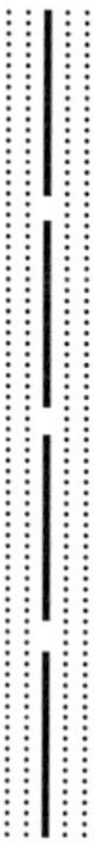

3. 數呼吸之時，數目已能連續不斷達十分鐘以上，但是仍有許多妄想雜念，伴著數息的正念。

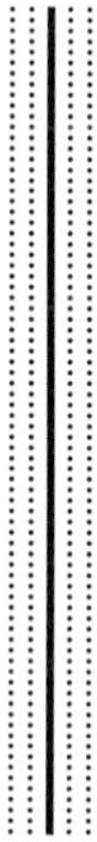

4. 數呼吸之時，正念不斷，雜念減少，但仍偶有妄念干擾正念。

5. 數呼吸之時，只有正念，不再有任何妄想雜念，但仍清楚知道有能數呼吸的自我、有被數的呼吸、有用來數呼吸的數目。雖已心無二用，但至少還有三個連續的念頭在同時活動。

6. 數呼吸數到把數目與呼吸全都忘掉，覺得沒有身、心、世界的內外間隔，沒有人我對立的觀念，沒有客觀與主觀的界限，呈現統一的、和諧的存

在。但仍尚有一個念頭在，此時才進入定境。

7. 數呼吸，數到身、心、世界全部消失，時間與空間都粉碎了，存在和不存在的感受消失了，進入虛空寂靜的境界，是超越了一切感覺、觀念的境界，稱之爲悟境。沒有符號能夠表示，一切語言、名字、形相，到此均無用武之地。

禪修為鍊心之鑰

以上七個階段，第一是散亂心，由第二至第五是集中注意力的過程，第六是定境，第七是悟境。綜合來說，調心的歷程會經過「散亂心」、「集中心」、「統一心」，最後是「無心」。鍊心無法一朝一夕即成，需要長期禪修調心。但只要持之以恆，終可以正念代替妄念，然後以正念統一雜念，最後無念。

Question

33

什麼是《十牛圖》？

所謂《十牛圖》，就是以十幅圖畫，表現一個修行者，像一個牧童一樣，如何把自己的佛性顯現出來，把煩惱執著逐漸克服，發揮自然妙用的化世功能。雖然不是每一個修行者，都會經過或必須經過這十個階段，但已可以由此對修行過程略有一些認識。《十牛圖》不只一個版本，流傳最廣的爲宋朝廓庵師遠禪師的版本，將十個修行階段介紹如下：尋牛、見跡、見牛、得牛、牧牛、騎牛歸家、忘牛存人、人牛俱忘、返還本源、入鄽垂手。

從尋牛到騎牛歸家

《十牛圖》所要尋找的「牛」，即代表我們自身的佛性，也是每個人都擁有的眞常本心。「尋牛」便是禪修的第一步，發現自己其實被困於煩惱虛妄當中，開始想要尋回自己的心。修行者從對見性開悟生起追求嚮往之心，開始用功修行，然後接觸經典，修行禪法，就能「見跡」，確信自己也有開悟的可能。在依照正確的方法以及知見修行後，就能「見牛」，達到見到自性之牛的目的。

到了「得牛」階段，修行者雖已親自證悟了心性，但由於煩惱的習氣以及環境對他的誘惑與影響，依然存在，唯恐再度回復到未悟之前的情況，所以要更加精進地策勵用功。開悟之後，修行者仍然不可掉以輕心，必須像在「牧牛」般，小心謹慎地繼續不斷調伏煩惱、收攝妄心。

經過一段時日，做完調心的工夫後，煩惱妄想，已經完全被修行者調伏，不再有妄念蠢動，呈現一片純和明朗的景象，漸漸地回到純淨無染的心境，這便是「騎牛歸家」。

（李東陽　攝）

從有心到無心

雖然已經降伏自心，修行之旅也還只是走到一半。接下來，《十牛圖》所展現的是逐步邁向無心的境界。「忘牛存人」所描繪的尋牛者，已經安坐在家中，忘卻了他曾經騎過的牛。也就是說，修行者到了這個階段，已經沒有煩惱心，沒有外境和內境的分別，也沒有煩惱和菩提的執著心，但還是清清楚楚地覺得有個主觀的自己存在。

到了「人牛俱忘」、「返還本源」的兩幅圖，牛與尋牛者都已不見於畫中。牛是自性，人是體驗到自性的修道心，既體驗到自性的普遍存在，便消失了對於自性的相對感受，進入絕對的完全統一的心態時，沒有煩惱可斷，也無菩提可成。然後再返照現實的生活，朗照一切而不為任一事物動煩惱心，在修行者的眼中，萬物皆自在。

修行最後的境界，便是「入鄽垂手」——背著一隻布袋的和尚，面對著一個瘦弱貧苦的乞丐，和尚做布施，乞丐求布施。說明修行者成就道業，於解脫自在後，便會自然生起廣度衆生的大慈悲心，這是向上自求解脫之後的必然結果，不假意志，不循理想，不是爲了什麼使命，只是自然而然地從個人的修行生活，走向協助他人的行動而已。

從尋心到無心，從出世到入世，尋心的歷程就是尋禪的歷程，終能出入無礙，隨緣自在度衆生。

Question

34

妄念太多趕不走怎麼辦？

妄念多，常常會困擾禪修初學者，不知該如何繼續禪坐。造成妄念的原因，是因心不安定。

不用方法

開始禪修後，你會發現自己的心一直動個不停，也就是一直在用腦，所以一上坐會發現：「奇怪，怎麼念頭那麼多？」不了解的人會以爲，不打坐沒事，一打坐就妄念多，反過來會懷疑方法，其實這是因爲心開始靜下來後，才會看到自己有那麼多的妄念。

另一種情況是，妄念多到沒辦法用方法，心無法安定下來，這時的處理方法就

（王育發　攝）

是「不用方法」。只要好好看著妄念就好，看著它來來去去。看了一段時間，如果還是波濤洶湧，沒關係，就接受這個情況；修行的過程不可能沒有妄念，也不可能永遠都有那麼多妄念，如果心始終安定不下來，就不要勉強自己打坐，可以起來經行、散步或拜佛。

不怕念起，只怕覺遲

面對妄念的基本態度，是不排斥也不追逐。不管是胡思亂想或雜念，無須壓抑，清楚知道念頭起來、消失，而不去跟隨。如何不被妄念牽著走？就是要有一顆清楚、警覺的心。通常你察覺到妄念時，多半已經跟著它演完一齣戲了，所以古德說：「不怕念起，只怕覺遲。」沒辦法覺察自己起了妄念？能覺照的速度有多快？這需要練習，慢慢工夫有了就不會覺遲。

此外，看著妄念還有一個很重要的功用，就是去發現自己平常對哪些事情是執著的。因爲執著，所以不察；因爲執著，所以覺遲。當你發現自己的執著時，能不能在生活中減少這個執著，不要讓它變成習慣性地喜歡或不喜歡？這必須回歸到日常生活，因爲我們打坐時所出現的種種問題，都是生活中累積的因，打坐時果報就出來了。

Question

35

觀呼吸找不到呼吸怎麼辦？

呼吸在禪修中，稱作「數息觀」，而不稱爲「呼吸觀」，是因爲我們要關注的「息」，是較細的呼吸。身體要夠放鬆，心要更細密，才能感受到呼吸從一般的狀態，變得稍微細一些、長一點，那就稱爲「息」。

數息的過程是，先放鬆，然後隨息，心安定了再數息，數到某個程度，覺得不再需要數字，又回到隨息，但這時的隨息比一開始的還要細。

粗的心無法感受細的息

爲什麼找不到呼吸？是因爲心太粗了，「粗的心」無法感受到「細的息」。

有的人找不到呼吸，就刻意把呼吸擴大，變成控制呼吸，引起腹痛、胸悶、頭痛、幻覺等的副作用。呼吸是由自律神經調控，不需要意念控制就會自行運作，所以不斷地放鬆身心，讓心愈來愈安定，妄念愈來愈少，呼吸自然會出現。

感覺到呼吸時，輕輕地跟著它就好，把心繫念在呼吸上，心就不會胡思亂想。就算偶爾分心沒察覺到呼吸也沒有關係，再重新體驗就好，這樣控制呼吸的機會便會減少。如果真的找不到呼吸，也不要刻意去找，只要保持心清楚，呼吸就會慢慢出現了。

慢慢熟悉呼吸的感覺

因此，打坐的時候，不要總是想著「我一定要找到呼吸」，建議初學者放鬆之後，將注意力放到頭部，體驗頭部的感覺，然後慢慢將注意力集中在鼻子附近，呼吸就很明顯。也可以試試將雙手合十，放在鼻子下方，感受從鼻孔排出的氣流，然後將雙手往下移一點，停留一段時間，再拉遠一點點，慢慢熟悉呼吸的感覺。如果呼吸太弱，或是有其他因素干擾，像是感冒，那就不一定要數息，念佛數數也可以。

不建議初學者從小腹的起伏來感受呼吸，因爲那必須將安定身心的工夫做得更深，才能感受到；相對而言，呼吸有長短、溫度的差別，是比較容易感覺到。當感受不到腹部的起伏時，也有人會刻意律動腹部，這就會不自然了，尤其女眾的生理功能會被擾亂，孕婦若用得不當，更有流產的危險。

Question

36

坐得好舒服，不想起來怎麼辦？

從修行的角度來看，坐得不錯，才會有舒服的感覺；但坐得舒服而不想起來，這就要注意了。

享受禪坐也是貪著

如果每天禪坐，從半個小時開始，持之以恆，慢慢地可以坐久一點，這種想坐久一點的感覺，是很正常的。打坐讓心安定下來，很好；但如果演變成只想打坐、逃避人群，這個心態就要調整。享受，內心是貪著舒服，也是一種執著，這與解脫是背道而馳的。遇到這種情形，就要發起奉獻的心、服務的心，透過發菩提心、行菩薩道，來淡化自我的執著。

（李東陽　攝）

心動不安，不如起坐

精進禪期中，如果坐得不錯，是否要連香？如果已經進入安定的狀態，心不動搖，雜念很少，自然地引磬的聲音不會干擾，心沒有動搖就可以繼續坐；如果聽到引磬聲，動念想著：是否要起坐？下一支香能坐多久？一旦有這種想法時，心已經動了，那就起來吧！

Question 37

什麼是大死一番？

進入禪堂時，要下個「大死一番」的決心。死有大死與小死之別，小死是身體的死亡，而妄念煩惱等生死業未死；大死則是把自己所有過去、現在、未來的一切，無論經驗與觀念是好或壞，全部放下，這樣才能眞正地用功。

大死一番，大活一番

因此，禪修的死，不是身體的死亡，而是死掉攀緣心和執著心。禪修之際，心不念過去，不想未來，不住現在，消滅了煩惱心，便是心的大死；大死之際，便是大活，即是解脫煩惱時，即是悟境的顯現。

置之死地而後生

這便是所謂的「置之死地而後生」，背水一戰，孤注一擲，反而可能產生輝煌的成果。不要盼望得到什麼或擔心失去什麼，即連失去生命也不擔心；如果畏首畏尾、瞻前顧後，哪裡也去不了。凡有依賴心，便不能獨立，就不見到清淨的自性，只有拋開千種依賴，放下萬種牽掛，才能來去自在。

禪修者必定要有大死一番的決心，破除心中所有的老習慣、舊觀念，展現無我的大智慧。徹頭徹尾地放下自己的一切心理執著，才能改頭換面，放下自以爲是的自我，尊重他人，關懷他人，成爲一個盡責任、盡本分的修行人。

Question

38

什麼是禪門三關？

很多人知道禪修以開悟見性爲目標，可是對開悟的認識卻很模糊。悟是什麼？它是解脫和智慧的異名。禪宗將開悟的三個階段稱爲「三關」，分別是第一關「初關」，也稱爲本參；第二關「重關」；第三關「牢關」，又稱末後關。過了第三關之後，才是眞正的解脫。前面兩關僅是暫時解脫。

如何才算破了三關？

所謂「破本參」，是指修行者見到佛性或空性的這一瞬間，自我中心的煩惱暫時脫落了，雖然爲時不長，但是已經有了見證空性的體驗，從此對修行的信心會非常堅固，並且對於何謂「煩惱」、何謂「自我」，有更深的認識。雖然遇到大衝擊時，仍然會有煩惱，但是能回到方法上，懂得以方法來處理煩惱。

（張晴　攝）

破本參以後，雖然認識了何謂煩惱。但是因爲仍然有煩惱，所以要繼續參究「如果完全沒有煩惱的時候，是什麼情況？」、「如果達到和佛陀完全一樣的境界時，又是如何？」疑團會一個個出現，必須努力反覆參究，才能經歷多次體悟。因此，有祖師說，大悟多少次，小悟多少次，這個大、小悟不斷的階段便是重關。

大悟就像將整塊冰一敲爲二，小悟就像分裂開許多冰塊，再一塊塊地鎚碎。因爲冰塊若是不持續鎚碎，一旦遇到冷空氣，這些敲碎的冰塊又會融合在一起。持續地鎚，鎚到沒有任何冰塊存在爲止，也就是重關一重一重地破，破到最後即是「破牢關」。「牢」是生死的牢獄，牢關是生死關，破牢關就是出離生死、出離三界，從此之後，心不再受到三界所有煩惱的束縛。破了牢關之後，修行者才能達到六根清淨的境界。

開悟不等於成佛

對於禪宗的開悟，也可以觸類旁通。許多人以為「即心即佛」、「明心是佛」、「無心是佛」、「見到本來面目」等等，都是成佛的意思，並且以為一旦開悟，便是成佛。

其實，開悟並不即是成佛，例如宋朝的高峯原妙禪師，自稱他一生用功，大悟十八次，小悟不知其數，但開悟並非成佛。禪宗破了三關之後，才是走出生死之流的邊沿。正因如此，禪宗的祖師們往往反而會隱居，持續精進，及至大悟徹底，再返世間，度有緣的衆生。

Question

39 什麼是平常心？

所謂平常心，「平」是平等，「常」是永遠不變，面對變化無常的人生，都要當成家常事來接受它、處理它。在我們的生活中，常會遇到風險，社會有風險，工作有風險，感情也有風險。如果我們隨時隨地準備著面臨風險，不因事物好壞而憂喜，這就是「平常心」。

平常心能讓我們智慧處理事，不以得失、多少、成敗做考量，而只考慮能不能做、該不該做、可不可以做，即使發生問題，也能從容處置。

平常心是道

平常心看似簡單容易，但其實未經過禪修的鍛鍊，是無法以平常心面對無常世界的。平常心和無心相應，是禪修者的道心、慧心，所以說「平常心是道」。

例如禪坐時的身心，會有種種不同的反應，有的令人舒服，有的令人苦惱。因此，不論是坐了一支好香，或是忽好忽壞，這些都是正常的現象。禪修要保持平常心，心不因外境好壞忽喜忽憂，工夫綿密，才能細水長流。

過平常生活

禪修要在平常心的狀態下用方法，經常保持在穩定的、蓄勢待發的狀態中，不讓心念起伏不定。例如禪修時離開了方法，只要一發覺便再回到方法上，不對失敗感到失望，繼續身心放鬆，好好用功，這也是平常心。

禪修的人生觀也是如此，遇到好的情況，不必貪戀；遇到壞的情況，也不必討厭。要以平常人的平常心過平常人的平常生活。

Question

40

禪修爲何不應執著開悟？

修行時有期待開悟的念頭，一定會有麻煩，容易走入歧途。因爲期待開悟會將許多存在於潛意識中，自認爲是悟境的境界浮現出來，任何千奇百怪的境界，都會從自心產生，此時，你可能會認爲自己就要開悟了，但事實上只是妄想。

誤認為是悟境現前

有期待心的禪修態度，將無法深入用功，因爲心總是在期待與揣摩開悟，這其實是在打妄想，嚴重的話，可能會發生精神異常，將一些從潛意識中產生的境界，誤認爲是悟境現前。

聖嚴法師在《聖嚴法師教話頭禪》說明「悟」有五個層次：第一個層次是統

（王育發　攝）

一境，是身心的統一；第二個層次是光音境，聽到無限的音聲、見到無限的光；第三個層次是聰明境，像是能聞一知十、出口成章；第四個層次是自覺悟境現前，灑脫自在，心無罣礙，但其實只是輕安境，而非眞正的悟境；第五個層次是開悟境，此時虛空粉碎，大地落沉，這才是眞正的開悟。

不要管自己能不能開悟

有的附佛外道自稱開悟證果來惑衆，將一些身心反應和經驗當成是悟道。事實上，中國歷史上許多大徹大悟的禪師，既不會炫耀自己悟道，也不會自稱證得什麼果位，超凡入聖。眞正的修行者不會宣傳自己證得果位，只會強調不執著與無自我中心。禪修要有正確的心態，報名禪七的目的，不是爲求開悟，而是爲用功學習。因此，進入禪堂後，不要管自己用功得好不好，不要管自己能不能開悟，只要認定方法，不懷疑方法，相信修行對自己有用就足夠了。

4

禪思不迷思

Question

41 禪坐可以得到神通，無所不能？

有的人學禪的目的，是想要得到神通，以為神通是萬能的，有了神通，便能解決世間所有的一切問題。

神通不是萬能

但以佛教的觀點來說，那是絕對不可能的事，因為神通不是萬能的。在一切凡聖的神通之中，以佛的神通最廣大。但是即使是佛陀也非萬能，有三種不能辦到的事：一、不能度無緣眾生。二、不能令眾生界空。三、不能滅眾生定業。

佛陀廣度眾生，只能誓願度盡眾生，卻不能度脫一個與佛無緣的眾生。佛陀雖然發誓度一切眾生，卻不能度盡所有的眾生，對於不受教化的眾生，佛也愛莫能助。佛陀雖已斷盡了一切煩惱，並教衆生滅除煩惱的方法，但是各人先世所造的定業，定業成熟，必然受報，雖爲佛陀，也是無可奈何。

佛陀即使成佛後，由於先世的業因，仍要感受到十種煩惱的果報：一、六年苦行。二、孫陀利殺女謗佛。三、乞食羅閱城時，木槍刺足。四、毘蘭邑安居三月中，食馬麥。五、琉璃王滅釋迦族，頭背疼痛。六、娑利那村乞食，空鉢而回。七、旃荼女僞裝懷孕，謗佛通姦。八、提婆達多推下山石，傷破足指出血。九、在阿羅婆伽林，入夜寒風破竹。十、娑羅雙樹間臂痛。

在佛經中也有很多神通不敵業力的例子，即使是神通第一的目犍連尊者，不但無法以神通拯救族人的滅族之難，自己後來也被外道執杖圍打而死。這不是說神通不靈，而是說神通非萬能。定業必受報，如果不受報便違背因果定律。

佛教不重神通

佛教高僧的神蹟不勝枚舉，但是佛教對此並不重視。佛教多數的高僧，不因有了神通而成爲高僧，而是由於他們的人格、道行爲人敬重，所以成爲高僧。在佛教史上，雖然也有好多「神僧」，高僧傳中，也以「神僧」列爲一科，但是最受後人敬仰，並於後世影響最大的高僧，卻不是神僧，而是有學有行、有德有成、有作有爲的出家人。神通的作用，雖能轟動一時，但不能影響及後世。

佛教是人的宗教而不是神的宗教，佛教學佛，教人從人的本位上老老實實、本本分分地做起，所以佛陀在世的時候，也不主張仰賴神通度化衆生，甚至禁止弟子們現神通。

（吳瑞恩　攝）

Question

42 禪坐可以讓人長生不死？

以爲禪坐可以長生不死，其實是將禪修與神仙方術混淆，所產生的誤解。佛法教導世人「有生必有滅」，因此不可能有不滅的肉體，也沒有不滅的靈魂。禪修的第一步，就是要觀察我們的身體每一刻都在變化，並非固定不變的存在，藉此打破對身體的執著，脫離身體所帶給我們的煩惱。

打坐不等於禪坐

打坐有三種用途：一是靜坐，能使身心安寧；二是修定，能使心念統一；三是禪悟修行的基本坐姿。因爲打坐的姿勢能夠健身，也最容易集中心念而袪除妄想雜念，所以打坐並非佛教特有的修行法。但是其他宗教打坐的用意，或者在於修練肉體，或者與神靈交流，與宇宙合一；佛教則是透過打坐進入禪定，以禪觀來覺察身心的虛妄不實，體證無我的境界。打坐若是缺少禪觀，便不能稱爲禪坐。

透過禪修，生死皆自在

聖嚴法師將生死體悟分爲四個階段：一、不知死活，二、貪生怕死，三、了生脫死，四、生死自在。前兩個階段是從不知生命的可貴，到執著於自己的生命，希求長生不死。如果接觸佛法、開始禪修，便會了解生死之苦，發起了生脫死的願心。而禪修如果能體悟一切本無分別、本來圓滿，便可當下體證「煩惱即菩提，生死即涅槃」，以完全自在的態度來面對人生，此時生與死都已不是問題。

Question

43

禪坐氣動是因被鬼附身？

有些人禪坐時，身體容易產生氣動，不由自主地亂動，這並非被鬼附身，不需要太過擔心。

處理的方法爲，首先，檢查氣動的地方是否以前受過傷？有些傷，表面上已經沒事，但其實氣脈不通，打坐時，氣脈運轉到那裡就堵塞了，自然就產生氣動。處理的方法就是「不管它」，讓它動，只要氣通過了就沒事了。

調整坐姿、持續放鬆

其次，檢查姿勢是否坐正？身體是否放鬆？有些氣動的情況是因爲平常的生活太過緊張；身體和心都是緊的，氣不通，自然會動起來，要回到平常生活中放鬆身心，而在打坐時調整坐姿、持續放鬆就好。

另一種情況是，重心不在下盤。打坐時，如果念頭很多，注意力會跑到頭部，這時重心是浮的，重心漂浮時，就容易引起氣動。古德說：「行如風，立如松，坐如鐘，臥如弓。」如何坐如鐘？就是下盤要穩；打坐時，將重心放在臀部和坐墊之間，很多人不知如何拿捏這一點，其實只要把重心放在下盤就好，像一棵樹，下盤就是你的根，重心在下方，氣動就會減少。

不要變成干擾

氣動是很常見的現象，偶爾動一動可能還滿舒服的，但如果停不下來就會變成一種干擾。所以出現氣動時，應逐一檢查姿勢、放鬆與否、重心是否在下盤、再把眼睛張開等等，以避免不必要的干擾。

Question

44

禪法有特殊口訣與不傳祕術？

禪宗有很多特別的公案故事，像是馬祖道一禪師一捏弟子百丈懷海禪師的鼻子，百丈懷海禪師就開悟了。而百丈懷海禪師一撥爐火，弟子溈山靈祐禪師也開悟了。這些禪宗故事雖然聽起來很奇特，但從來沒有什麼咒術般的咒語口訣，讓人一聽頓悟成佛，也從來沒有什麼不傳祕術，禪法都是不假外力，直指人心而自然悟道。

不能未悟言悟

有些學禪者最初很用功，後來卻走極端，看了不少禪宗的公案語錄，開始玩弄神祕經驗，以爲自己的內證經驗，要超過古來所有禪宗祖師，祖師們都不懂得如何教人修行，只是自鳴清高，故弄玄虛，不肯正面說破，只有他自己是最高明

（王育發　攝）

的，是眞正的禪師，懂得禪，也只有他才懂得教人修行禪。像這樣未悟言悟的迷惑人心說法，都是大妄語。

師父領進門，修行在個人

禪宗的修法不論是最基礎的數息，或是進階的默照禪、話頭禪，法師在禪堂所教授的方法都是一樣的，不但不會特別留一手不傳祕術，而且遇到任何禪修問題，都可以直接請益。所謂「師父領進門，修行在個人」，修行還是要靠自己努力用功。

Question

45

無我就是對任何事都無所謂？

有些人學禪以後，對很多事都變得態度消極冷淡，以為禪修所謂的無我，就是對什麼都無所謂。

不負責任的想法

如果誤認爲無我就是什麼都無所謂，那是一種不負責任的想法，很可能變成眼高手低的狂禪，認爲無我的解脫自在，是對任何事不必在乎，想做什麼就做什麼。也可能會變成消極懶惰的藉口，用一種有我、沒我都沒關係的態度，來掩飾自己的缺點，這樣當然也不是眞正的無我。

無我是自我消融

佛法所說的「無我」是自我消融，完全不考慮到自己的問題，也不考慮外在環境是不是對自己有什麼樣的讚歎、榮譽、肯定，完全不考慮自己的立場，只是無怨無悔地無條件付出，這種做事時認眞投入，事後卻如船過水無痕般的態度，才是無我的境界。

煩惱大多是來自過於執著自我中心，禪坐共修的一大優點，就是透過團體共修的方式，慢慢化解執著煩惱，消融自我，隨衆成長。

Question

46

禪修到最後會變得鐵石心腸？

一般人聽到禪宗說「空」，常會感到疑惑：「如果人眞的『無我』、『無心』，豈不是跟木頭、石頭、植物一樣了嗎？」

不落入頑空

雖然有的人在學習禪修後，將佛法所說的空性，誤以爲既然一切都是假的、都是空的，放下萬緣就是要放棄一切，什麼都不要了。這樣的空，佛法稱爲「頑空」。一旦「住」入頑空，修行者將對世間採取消極、否定的態度，除了不想關心別人，也想放下責任，甚至遠離家人，逃避一切，所以被稱爲「頑空」。

如果「空」的眞意，是放下責任，對一切無感，佛陀悟道後就不會說法度化

（王傳宏　攝）

眾生，禪師們悟道後也不該再弘揚禪法了。事實上是相反的，佛陀成道後發起大慈悲心，以四十多年的時間宣說了許多佛法，度化了很多人，讓佛教得以流傳到今日。因此，體證空性並不會讓人變得心如木石或鐵石心腸，而是能清楚察照一切，讓心不隨波逐流，自然地以智慧除煩惱，並發起慈悲心利益眾生。

禪修所觀的空是「緣起性空」，所有現象的任何一法，如果都是從因緣而生，既從因緣起，必然也由因緣滅，沒有眞實性，所以它的實性便是空性。禪修便是由觀呼吸、觀念頭的生滅變化，體會一切都在生滅變化之中，沒有永恆不變的自我，而體驗到空性。

應無所住而生其心

禪修後即使煩惱頓消，還是要工作、要生活，還存在著人與人之間的責任與互動。我們不妨試著練習《金剛經》所說的「應無所住而生其心」，這句話是指心不貪著，而生起智慧心、慈悲心。把世間的人、事、物看作如幻、如夢、如演戲。你會非常認眞地演好目前的角色，但很清楚自己是在演戲，那就不會受到利害、得失、你我、是非的影響，能做到以智慧利己，以慈悲利他。

Question

47 禪宗不立文字，所以不需要研讀佛典？

禪宗主張不立文字，但是在中國佛教的諸宗裡，禪宗所留下的文字最多。可知，禪宗雖稱不立文字，並非不用文字，反而是善用文字來傳播佛法的一個宗派。

禪修要解行並重

由於文字的教義，是用符號，形容事物整體或局部的觀念，並不等於事物的本身。如果以爲文字即是文字所表達的事物觀念的本身，便永遠無法見到文字所要表達的事物了，所以禪宗不立文字。但是文字仍是一種最好的工具和媒介，爲了使人達到不立文字的目的，最初還得用文字做爲通往悟境的路標。禪修需要解行並重，理解經教，實證法義。

以路標為目的地是愚癡，不依路標所指而前進，更加危險；以研究經教為唯一的工作，而不實際修行，那是佛學的領域，不是學佛的態度，所以如永嘉大師起先研究經教，後來以禪悟而遇六祖惠能後，便說：「入海算沙徒自困，卻被如來苦訶責，數他珍寶有何益，從來蹭蹬覺虛行，多年枉作風塵客。」

以佛典的教義為禪修指引

一般人只見到禪宗大德訶斥文字的執著，卻不知唯具有淵博學問的人，才能於悟後掃除文字，又為我們留下不朽的著作，引導著我們，向著正確的佛道邁進。在開悟前的修行階段，如果不以佛典的正確教義做指導，便會求升反墮。因此，明末的藕益大師智旭，才會極力主張「離經一字，即同魔說」的看法。

對禪修者來說，像是《心經》、《金剛經》、《楞嚴經》、《圓覺經》、《六祖壇經》，都是需要研讀的重要經典，可以協助了解自己的修行方向是否正確。

（王育發　攝）

Question

48

指導禪修的法師若未開悟，弟子也無法開悟？

禪修者如果能在知性上掌握佛法知見，即使沒有眞正開悟，也不太會誤入歧途，甚至可以指導其他人修行；雖然沒有能力印證弟子是否開悟，至少能以正確的修行之道來幫助人，當弟子的悟道因緣成熟，也能明心見性。

良師必具正確的佛法知見

相反地，如果老師沒有開悟，在觀念上也未能了解佛的知見，他自己的修行就可能走上外道，也帶領他人走上外道。禪修者一心期盼與執著開悟，容易產生問題。因此，從這個角度說沒有佛法知見的指導，其他宗教的修行者不管體驗多深，都無法體驗佛的開悟，對開悟的執著會牢不可破。即使是精進的禪修者已體驗到輕安境，誤以爲自己已擺脫了自我中心，但其實依然心有執著，所以禪修需要有良師指導。

教授禪法要謹慎

如果能得到好老師的教導，自己也認眞修行，應該就會熟悉佛法的重要法義與修行原則，再加上研讀佛典，能幫助自己理解佛法。如果能具備這些正確的佛法知識與禪修經驗，就能教導初階的人，但是不該處理大問題，因爲沒有能力肯定或否定他人認爲是開悟的體驗。

因此，禪宗很重視法脈傳承，如果有意教導他人佛法或禪坐，必須先得到老師的認可才行。

Question

49

感情會障礙修行，禪修要慧劍斬情絲？

禪修者應用什麼樣的態度來對待感情呢？要應用感情，但不受感情的左右而起煩惱。

鬆開對感情的執著

關懷人，對衆生來說是感情，對菩薩來講是慈悲，像觀音菩薩用種種的形相、種種的方式來幫助人，如果不以感情來幫人，別人會害怕他。但是因爲菩薩沒有執著，所以也沒有煩惱。一般人沒有修行方法，感情容易變成自己的煩惱，並引起他人的煩惱。

如何使用感情而又不起煩惱呢？除用佛法的觀念來調整，也要用禪修的方法

（吳瑞恩　攝）

感情會障礙修行，禪修要慧劍斬情絲？

漸漸鬆開對感情的執著，轉為慈悲的襟懷。

真有智慧，真有慈悲

慈悲和智慧的意義相同，表達方式卻不同。眞有智慧的人，一定會眞有慈悲。慈悲的表現是在廣度眾生，而在他心中沒有自己也沒有眾生，便是實證空性的無我智慧。唯有無我無著的智慧，才會表現出眞正的慈悲。

Question

50

人人都可頓悟成佛，所以不必用功禪修？

人人確實都有成佛的可能性，都有頓悟成佛的機會，但不表示可以投機取巧。禪修就蓋房子，雖然有頓悟的可能，還是要從戒、定、慧下工夫，才能紮實地打穩基礎，漸漸趣向解脫。

重視修行過程比開悟重要

如果修行一直妄想頓悟成佛，可能會養成倒因爲果的取巧心理，形成不想修行的流弊，認爲開悟以後就不必修行了。追求開悟、炫耀開悟的這種心態，本身就是一種執著。重視修行的過程，要比重視開悟的目的更好。

佛教將不願好好地修行，卻想不勞而獲、頓悟成佛的人，稱爲「偷心」的

（李東陽　攝）

人。禪修如果不能腳踏實地，總想占便宜，期待奇蹟，這就是很危險的偷心了，因為和因果律不相應。偷盜是惡業，將得惡果。禪修不能做假，不能摻水，付出多少努力就得多少結果，絕無投機取巧的事。

頓悟法門，漸漸修

有的人才剛開始禪修，就希望立即得到頓悟成佛的方法。雖然學禪有頓悟的機會，但是不能急著想求悟境。禪修者最重要的是踏實用功，不管開悟不開悟，都還是需要用功的，並非開悟以後就不必用功了。就像開車時，只要注意車況如何，有沒有走對路，不要不停地問：「到了沒有？」只要方法對、方向對，持續地用功下去，該到了的時候，自然就會到。修行是生生世世的功課，本來就會進進退退，只要放掉追求與期待，放下對抗與逃避，如實接受自己當下的狀態，老實地持續用功，因緣成熟時，自然能見到本地風光。

學佛入門Q&A 9

禪堂50問

50 Questions about Practicing Chan at a Meditation Hall

編著	法鼓文化編輯部
攝影	王育發、王傳宏、江思賢、李東陽、吳瑞恩、許朝益、張晴、釋常護
出版	法鼓文化
總監	釋果賢
總編輯	陳重光
編輯	張晴、詹忠謀
美術設計	和悅創意設計有限公司
地址	臺北市北投區公館路186號5樓
電話	(02)2893-4646
傳真	(02)2896-0731
網址	http://www.ddc.com.tw
E-mail	market@ddc.com.tw
讀者服務專線	(02)2896-1600
初版一刷	2016年9月
初版二刷	2022年10月
建議售價	新臺幣160元
郵撥帳號	50013371
戶名	財團法人法鼓山文教基金會—法鼓文化
北美經銷處	紐約東初禪寺 Chan Meditation Center (New York, USA) Tel: (718)592-6593 E-mail: chancenter@gmail.com

法鼓文化

本書如有缺頁、破損、裝訂錯誤，請寄回本社調換。
版權所有，請勿翻印。

國家圖書館出版品預行編目資料

禪堂50問 / 法鼓文化編輯部編著. -- 初版.
-- 臺北市 : 法鼓文化, 2016.09
面 ; 公分
ISBN 978-957-598-723-7(平裝)

1.佛教修持

225.7 105013640